U0449404

"人生学校"成立于2008年，是一个由英国知名作家阿兰·德波顿创建的文化平台，旨在通过电影、工作坊、图书、礼物以及温暖又富于支持的社群，来帮助人们过上更充实、更有意义的生活。在优兔平台已经拥有超过900万订阅者。

很多人在年轻时天真地以为校园学习就是掌握全部知识的途径，长大后才发现在学校里很多东西是学不到的，很多问题更是连思考的机会都没有。德波顿利用自己的影响力创办"人生学校"，挑战传统大学教育，重新组织知识架构，令其和日常生活更贴近，让文化更好地为人们服务。

"人生学校"出版的图书都与人们日常生活中的重要问题直接相关，并相信最为棘手的问题皆因缺乏自我觉知、同理心和有效沟通而起。本次首批引进的11册，聚焦于情感议题，从如何寻找一个合适的伴侣，到如何长久地经营一段亲密关系，给出了全方位的建议。

扫 码 关 注

我们提供知识 以应对变化的世界

人生学校·The School of Life

如何修复破碎的心

[英]阿兰·德波顿 / 主编
[英]人生学校 / 著　张欣然 / 译

中信出版集团│北京

(Heartbreak) ♡

By

The School of Life

目录

引言 / 001

一、为何离我而去 / 007

二、心碎后求助谁 / 015

三、分手错在谁 / 021

四、为何会与这个人在一起 / 027

五、回避型依恋与焦虑型依恋 / 033

六、不因情敌受折磨 / 041

七、分手的正确方式 / 049

八、同床异梦的心碎 / 065

九、痛的升华 / 071

十、忘却，然后重生 / 077

十一、芳草遍天涯 / 085

十二、友情的慰藉 / 091

十三、心碎也有益 / 097

引言

"心碎是我们生而为人逃脱不掉的宿命。"

曾经，他们爱我们爱得那么深。那时的我们以为，属于两人的共同未来就在不远处。在他们的怀里入眠已经成了我们改不掉的习惯。

我们曾与伴侣分享自己的恐惧，向他们展露我们内心最隐秘的不安处。我们曾被伴侣的幽默感和对生活的独特见解深深吸引。我们曾跟伴侣一起旅行，花心思了解他们与原生家庭之间的情感羁绊。我们曾与伴侣一起装饰两人共同的家。伴侣曾是我们最好的朋友。

可如今，我们的内心随着曾经的一切一同破碎了。我们给这种特殊的痛苦起了一个有力的名字：心碎。

这种感觉就好像一直以来支撑我们立于世间的那根心灵支柱一下子坍塌，我们感受到了由内而外的碎裂。该怎样描述我们正在经历的这一切呢？或许就是，有时候一连几个小时仿佛一切尽在掌控，生活又回归了常态，可是忽然间，像是头脑里的某根弦被毫无征兆地拨动了一下，我们骤然忆起，原来自己的爱情早就死掉了，而世间的一切美好仿佛也都跟着殉了葬——留给我们的只剩孤独，一种充斥着悲伤与困惑、愤恨与不解的无尽孤独。

艺术最重要的目标之一莫过于照人于黑暗，伴人于迷失和破碎之时，并提醒那些一蹶不振的人：举凡痛苦，总有其无可取代的意义；生命原动力的开关始终握在我们自己手里，只要不放弃，重获新生和再次被爱都是迟早的事；不管我们正经历的痛苦多么难以承受，都要相信自己不是一个人，我们努力消化的是一种全人类共有的悲伤。

要知道，所有我们艳羡的人，所有我们认为有趣的人,都曾经历心碎或将会经历心碎。心碎是我们生而为人逃脱不掉的宿命。然而,那些心灵裂隙处长出的无人问津的藤蔓,终有一日会化为我们彼此得以相握的手。

接下来,就让我们开启这段与心碎的故事有关的共同旅程吧。

一、为何离我而去

"有如今的结局,错不全在我们。"

他们离开了。这究竟因为什么?

不管朋友和好心的熟人如何为我们分析原因,我们内心深处总有个声音在不停地告诉自己,问题全出在我们自身。这个念头对于刚刚失去恋人的我们来说,简直是雪上加霜。

事情发生后,我们疯狂在自己身上找原因。我们的缺点令人难以忍受,我们的性格令人沮丧,加之长得一看就不招人喜欢,难怪被人家抛弃。一言以蔽之,伴侣之所以离我们而去,都是因为我们不够好。相处时的亲密无间使得他们比以往任何人都了解我们,他们窥见我们表面人格下的真实模样，于是不出所料地被吓走了。与其说失败的是这段关系，不如说失败的是我们整个人。

然而，我们的直觉总有出错的时候，内心笃信的事情未必就是事实。关于这一点，不妨看看以下这个心理学史上的著名实验，它有力地揭示了我们内心的"投射倾向"——我们往往倾向于把头脑中生成的明晰且确定的解释，强行加诸外部世界中模棱两可的情境。

主题统觉测验中所使用的图像都与上图类似，
展现了模棱两可且引人遐思的场景。

一、为何离我而去

这个学名为主题统觉测验的实验是由美国心理学家亨利·默里在 20 世纪 30 年代开发的。实验中会向我们展示一系列图像,并要求我们说出图像中发生了什么。人们对每个场景中发生的事情往往有相当具体的想法。比如,根据上页的图片,可以得出以下几种结论:

- 女人已经受够了男人,这个男人相当脆弱且非常无聊。
- 女人刚刚告诉男人,他们的关系走到了尽头,她要离开了。
- 男人刚刚告诉女人,他们必须分手,并且分手的原因跟他们的性生活有关,他没得到想要的满足。
- 看来事情跟男人的父母有关。女人希望男人能跟父母保持距离,如果做不到,就别指望她一直留在他身边。

这个实验的有力之处源自这样一个事实:根据设

计，图像本身没有任何特定含义，图像中的人不过是被要求对着镜头摆出某些模棱两可姿势的演员。上述种种叙述和含义，全部是由我们一厢情愿加上去的。

我们自己经历的心碎，情况也与上面如出一辙。他人为何离我们而去，我们永远无从知晓。不管如何了解一个人，伴侣之于我们终究不是透明人。伴侣所言至多是其部分所想，他们的深层动机则始终被迷雾笼罩，即便他们自己也难看得真切。我们面对一个事实——伴侣离开了我们——然后向这个事实投射一种意义。殊不知，我们赋予这个事实的意义，很大程度上只是出于自己的想象。

对于他人的所思所想我们并不总能全然知晓，承认这一点能让我们在某种意义上变得无坚不摧，所以得多加研习才是。苏格拉底认为，智慧的一个重要组成部分在于我们有能力接受自己在很多时候是无知的。"智者知道自己何时不知道"，这一洞见成了古希腊哲学的一个重要基石。这种对无知的承认，以及对投射倾向的警觉,势必有助于我们把自己从分手后自我谴责式的归因中解救出来。这类归因通常会让我们陷入痛苦的反刍,甚至有可能带来灾难性的后果。

那些咆哮着说出"我这辈子都不想再见到你"的伴侣,他们内心的最隐秘处可能一直在想:真的好难过,没能有个好的结局;要是能找到彼此磨合并一同走下去的方法,那该多好啊;你一直都是那么可爱,可我内心深处挥之不去的绝望总把你的爱意拒之门外。

那个冷冷地发来一条"到此为止吧,我退出了"的短信的人,很可能正躲在某个阴暗无人的角落独自神伤,沉浸在自己感情的失败里哭得稀里哗啦,而并不如我们想象的那样,正欢天喜地庆祝与我们的这场漫长邂逅总算告终。

那些嘴上说"真希望我们能一直走下去,但我必须专注于事业"的伴侣,他们心里可能真是这么想的,而不全然如我们暗自揣测的那样,是在用礼貌掩饰对我们的蔑视。

接受模糊性是一种自我松绑。我们可以自由地认识到，有如今的结局，错不全在我们。我们固然有很多不完美之处，但作用于这段关系并使之瓦解的因素还有很多，并非我们所能尽数掌控。

我们当然还是会难过，但此时的痛苦似乎变得更容易承受些。因为这时的我们只需要面对失去所爱带来的悲痛感和陌生感，而无须长时间沉溺于指责自身不足之处。

二、心碎后求助谁

"我们只能自求多福了。"

伴侣深深地伤害了我们。我们的痛苦堪比遭遇拦路抢劫或者遭受肢体攻击。然而，面对后者，我们不需要孤军奋战，有相关的社会机制来帮助我们应对困难。保险公司、警察部队、法院，乃至监狱系统，可以帮我们找回应得的正义。就算是我们的老板突然发觉自己已经对我们忍无可忍，他们通常也不能不分青红皂白地解雇我们。我们的社会早就建立起各种各样的权利保障机制，以保护我们的就业不受雇主的心血来潮和市场的残酷竞争侵害。从文化角度来看，我们的集体正义与补偿体系主要围绕金钱、工作和财产而构建。

可是，在另一个对我们来说同等重要的领域——爱情与亲密关系，我们却往往求助无门。我们既没有办法请律师打官司，也不能因为有人伤了我们的心而到警察局去控诉对方。我们只能自求多福了。没有什么简单的方法能让我们得到补偿，甚至连帮助我们应对痛苦的法子也几乎没有。而如果我们牙痛或是腿断了（在痛苦程度上与心碎差不多），便会有早已迭代成熟的解决方案摆在面前供我们选择，社会也早就为我们建立好了各种专门提供帮助的庞大机构。

此处的重点并非提倡要有专管失恋的律师或专治心碎的医生，毕竟我们真正需要的不是把前任送进监狱或把自己送上手术台。秉承一种乌托邦精神，我们不妨去想象一个更好的社会，它会用与应对工作和财产关系同等的雄心和热情去面对心碎的议题，并且同样肯花上几十年的时间，耐心地解决心灵伤痛这一不容忽视的普遍问题。

未来的失恋专家们会仔细聆听我们的哭诉，他们很可能会建议我们阅读某一本书或听某类音乐（比如莫扎特的歌剧《女人皆如此》——"他们都是这样的"——剧中的每个人都曾让伴侣失望）。我们会被引导着去审视自己对亲密关系的期待，也会被温和而坚定地引导着去思考自己究竟什么地方出了问题，以及我们可以从中学到什么。我们会被鼓励重新思索在下一次步入浪漫世界时，应该警惕什么样的人，或者应该找寻什么样的人。

我们总是很难想象庞大的社会如何能有效应对私人问题——正如生活在 17 世纪的人们很难想象存在一支可靠的消防队一样。亲密关系的结束是人存于世必将面临的风险。也许在未来的某个时候，人们在求助于他们的失恋专家时，会对此刻的我们投来怜悯的目光，因为在我们遭遇亲密关系的失败时，几乎没什么地方可供我们寻求智慧、安慰和指导。

三、分手错在谁

"美好的感觉会让他们感到陌生。"

在分手的当下，我们总试图用过去几周或几个月发生的事情来为关系的结束提供解释。

然而，这段关系失败的原因在我们自己身上往往无迹可寻，与前任在当下的行为和感受的关联也微乎其微。关系瓦解的根源很可能要追溯到他们的童年经历，以及在达至情感成熟这条漫长的心灵之旅中他们尚未能充分探索的部分。

人们成年后的恋爱方式往往奠基于早年与爱有关的经历——有能力成为一个在给足伴侣安全感的同时还能让自己得到满足的人，至少部分得益于在生命初期阶段与父母建立起的良性亲子关系。细想来，这点颇令人沮丧。

无疑，一半以上的人会是不幸的，会在恋爱中遭受一系列无法预知的心理问题的困扰，这些问题使得他们在关系中表现得极度阴晴不定且难以相处。通常，那些心理伤痛未得到充分疗愈的人，他们表面上在爱情中极力寻求的东西，恰是其长期无法承受的，因为这种美好的感觉会让他们感到陌生，并威胁到他们的心理防线，激起他们的不配得感。他们声称想要从伴侣身上寻求的，与他们心理上实际所能承受的之间存在着冲突，我们则成了这一冲突不知情的受害者。

很可能在童年时期，他们深深依恋的父亲或母亲总表现得相当冷漠，或者经常不在他们身边，对其疏于陪伴。到了长大后进入恋爱关系时，这一类型的恋人在被我们给予的温暖深深打动的同时，又会对我们的温存感到十分陌生，甚至会将其视为对自己某部分人格极大的威胁。当他们变得冷漠，感到非与我们保持距离不可时，他们也会努力理解自己内心正经历着什么，只不过总不得其法。于是，他们便转而责备起我们"黏人"来——这可比探究为何自己会如此害怕内心的需求这一复杂课题容易多了。他们正在默默踏上过去那条注定失败且痛苦不堪的爱的旅程，只可惜谁都未能察觉到这一点。

又或者，我们的前任有一位脆弱、抑郁，总是不耐烦且爱发脾气的父亲或母亲。于是，他们学会了看父母的眼色行事，活得谨小慎微、如履薄冰，时刻不忘讨好父母，并总是优先顾及他人的利益和感受。至于自己内心的想法和感受，则从不与他人道。久而久之，孤单之感与怨恨之情在他们的胸中渐渐滋长。他们被我们吸引，希望我们能允许他们做自己，但是，尽管我们尽了最大努力，由于上述原始驱力的作用，他们还是不敢向我们坦陈其欲求。他们隐藏着真正的担心，埋葬了内心的伤痛，让两人之间没有了伴侣间本该有的日常抱怨。最终，在这段关系中，他们感觉不到自己活着。

以上的思路，能让我们从关于一段失败的亲密关系最糟糕也最自我折磨的解释中挣脱出来。事实并不像我们最初担心和害怕的那样，问题的根源并不在于我们难以掩饰的固有缺陷。恰恰相反，我们只不过被迫卷入了另一个人命定的爱情剧本中，而这些剧本早在他们遇到我们之前就已被写好。他们的确没有很好地爱我们，但考虑到未被充分觉察的过去带给他们的沉重负担，在进入亲密关系时，他们很可能没办法好好爱任何人。

在前几次约会时，我们就应该问约会对象这么一个至关重要的问题："你的童年是如何度过的？"对方诉说的痛苦和孤独，往往令人深深动容。我们或许会情难自禁地想要修复他们的这些伤痛，并真心相信自己做得到。但鉴于人生苦短且世事多艰，我们最好还是别沦陷在这动人的破碎里。不如多看看那些能陪我们享受一蔬一饭、欣赏云卷云舒的普通人，毕竟这样的爱情才是我们一直期待并且值得拥有的。

四、为何会与这个人在一起

"人们选择伴侣并不是全然出于自由意志。"

回过头看，我们会发现伴侣或许并不是那个真正适合我们的人。现如今我们方能客观地认识到，他们的到来给我们的生活增添了太多烦扰。倘若我们当初成功避开这一切，该是何等明智。然而与此同时，我们也得欣然接受自己误入歧途实非偶然这一事实。之所以栽了这么大一个跟头，是因为我们总自觉或不自觉地被错的人吸引。

人们总认为，自己在爱情中苦苦求索，是为了获得幸福，但真相也许并非如此。我们真正想从亲密关系中得到的其实是熟悉感。这么一来，追求幸福的人生大计一下子变得更为错综复杂了，因为那些真正对我们有益的，未必是我们情感上熟悉的，反之亦然。

我们可能会不自觉地渴望在成年后的亲密关系中重温孩童时期所熟悉的某些感受。正是在孩童时期，我们第一次认识并了解到什么是爱。然而不幸的是，我们所学到的有关爱的一切都可能是掺了杂质的。当初的我们所理解的爱，可能不只与善意难解难分，还夹杂着被控制、被羞辱、被遗弃以及不被倾听的感觉。简言之，爱中夹杂着痛苦。

成年以后，我们将某些可能的交往对象拒于千里之外，不是因为他们哪里不好，而是因为他们太成熟、太善解人意、太可靠。他们越是无可挑剔，我们的陌生感就越强烈，甚至还会生出某种被压迫感。我们于是抱怨这些善良的人"无聊""不够性感"，反而转向那些将以熟悉的方式伤害我们并令我们极度痛苦和沮丧的人。我们之所以犯错，是因为在内心深处，我们还是没能将被爱的感觉与彻底的满足感联系起来。

四、为何会与这个人在一起

从心理学层面讲,人们选择伴侣并不是全然出于自由意志。理解了这一点,就可以对深深伤害了我们的昔日恋人少一些怨怼之情。也不是说我们有多愚蠢,我们只是被困在了童年一言难尽的爱的体验里。

希望我们越是了解为什么有性格缺陷的追求者反倒显得有吸引力,我们就越能免于被他们吸引。一旦我们开始理解童年经历以何种方式在我们的心里刻下有毒的爱情模板,我们就有可能从其不良影响中解脱出来,并学会选择那些能更好地满足作为成年人的我们对幸福和完满的期待的伴侣。

五、回避型依恋与焦虑型依恋

"幸福的爱情大抵相似,
不幸的爱情却各有不同。"

幸福的爱情大抵相似，不幸的爱情却各有不同。现代心理学家倾注大量热情探究的是这样一类特别的亲密关系：情侣一方被鉴定为回避型依恋者，而另一方属于焦虑型依恋者。

"依恋理论"由英国心理学家约翰·鲍尔比在20世纪五六十年代首次提出，旨在解释我们如何相爱以及童年经历如何在恋爱中发挥作用。它根据人们在关系中自信和信任他人的行为能力不同，将人分为三类。

第一类是安全型依恋的人，他们经历了有人依靠的美好童年，进入亲密关系后希望得到所爱之人的积极对待。他们无疑是幸运的，富有同理心，懂得给予，并能直言不讳地就自己的需求跟伴侣沟通。安全型依恋的人大约占总人数的50%。

剩下两类则属于不甚健康的依恋类型，且各有其不同寻常之处，它们皆由生命早期从父母那里经验到的不同形式的失望和创伤导致。一种依恋模式我们称之为"焦虑型"，另一种我们称之为"回避型"。焦虑型和回避型的人经常容易彼此吸引并结为伴侣（这也是其心理病态的一种表现），而他们的情感怪癖彼此纠缠，又会加剧关系的混乱程度。这样一来，情况会变得异常复杂，局面也会随之失控。

焦虑型依恋的人一旦进入亲密关系，常会感觉自己不被欣赏、不被认可，也没有从伴侣处得到足够的爱。他们会默默地想：真希望我们的关系再亲近些，多些柔情蜜意和肌肤之亲。在焦虑型依恋的人的认知里，蜂蜜般的黏稠甜腻才是爱情该有的质感，眼前人寡淡如水的疏离，在他们看来简直是一种羞辱，而且是足以伤及自

五、回避型依恋与焦虑型依恋

尊的羞辱。一次又一次地，他们用自己的热脸去贴对方的冷屁股，对方似乎始终浑然无感。久而久之，焦虑型依恋的人会被伴侣的冷若冰霜和拒人于千里之外推入痛苦的深渊，自我厌恶和抗拒的情绪在他们心中扎下了根、发出了芽，直到有一天，他们非但再也感受不到被欣赏、被理解，还会觉得伴侣举手投足间都流露出对自己的报复和怨恨。

焦虑型依恋的人可能会在很长一段时间里对自己的失落和沮丧保持沉默，直至忍无可忍，绝望的情绪才会爆发。不论时机多不合适（或许两人都已疲惫不堪而且恰逢午夜），他们都会忍不住要求对方必须立刻跟自己一起解决问题。不出所料，两人必定大吵一场，问题非但没解决，反而变得更严重。焦虑型依恋的人会彻底丧失冷静，他们大放厥词，以恶毒的方式步步为营，恶毒到让伴侣确信他们疯癫且卑鄙。

如若伴侣是安全型依恋的人，可能会知道这种情况该如何抚慰，但若是恰好碰到了回避型依恋的伴侣，他们必定无所适从。更不幸的是，这种回避型的行为能精准地触及焦虑型伴侣的每一根不安全的神经。更温柔体贴和更深层连接的情感需求会给回避型伴侣带来很大压力，致使其本能地退缩，甚或感到不知所措和遭人胁迫。他们开始应之以冷漠、抽离，这又进一步加剧了伴侣的焦虑感。

沉默之下，隐藏着回避型依恋的人深深的反感，用他们自己的话说，那是一种"被控制"的感觉。他们感到被骚扰，惨遭不公正的迫害，并被对方的"黏人"弄得寝食难安。此时此刻，他们或许正悄悄地幻想着去和别人（最好是个彻头彻尾的陌生人）共赴云雨，或者就算只是去另一个房间独自看会儿书也是好的。

这样的亲密关系并非特例，它属于一种特定的类型，而且地球上每时每刻都有成千上万的人身处此种关系中。知道这一点将对我们大有裨益。更让人宽慰的是，这一痛苦的根源看似十分个人化，令人羞于启齿，事实上却是再普遍不过的现象，那些身着白大褂的一丝

五、回避型依恋与焦虑型依恋

不苟的研究人员早就对之反复琢磨、条分缕析过了。

至于解决之法，还得一如既往地到知识中寻觅。任由自己的焦虑或回避冲动驱使做出某些行为，与追溯冲动根源并向自己和身边人悉心道出我们做出某些行为的原委，两者之间有着天壤之别，显然后一种要好得多。

我们中的大多数人都无法在爱情中完全"健康"，但这不妨碍我们成为同样有益于伴侣的人。我们可以在大发雷霆且严重伤及伴侣之前懂得及时喊停，并愿意就自己不健康的、受创伤驱动的行为向伴侣解释。我们可以在不受控制地做出某些荒唐行为后向伴侣道歉。

试想有这样一对情侣，他们能学会在各自焦虑和回避的敏锐神经被对方触发的情况下，语气平和又不失幽默地暗示和提醒对方这一点，并让对方知道自己正在努力平复。没多大一会儿两个人就又好起来。没有什么是比这种情景更浪漫的了。

六、不因情敌受折磨

"人人都有很多问题。"

荒谬的是,很多时候让我们深陷其中无法自拔的不仅有逝去的爱,还有另一个人——一个在我们的想象中举足轻重,而且无处不在的对手。这种让我们辗转难眠的巨大折磨,归根结底可以总结为一个问题:他们身上到底有什么是我们不具备的?

这种痛苦部分源于人类心理的一个基本特征。我们能够从里往外地了解自己,因此掌握了大量自己见不得人的黑料;而我们了解他人只能从外往里看,试图从他们透露的信息中搞懂其内在。殊不知,除了迷人的脸庞和优雅的举止外,他人可能什么都不曾透露。

于是我们便会觉得，那个取代我们在前任心中位置的人——尽管我们只是在某次聚会上跟其打了个照面或翻看过对方的微博主页——方方面面都很有成就，简直是人生赢家。我们害羞的场合，他们自信满满；我们混乱邋遢，他们有组织、有纪律；我们的性经验复杂，他们的则非常简单；我们是资深闷葫芦加"死宅"，他们每天都很嗨……

身边的亲朋好友往往满怀善意地帮助我们重拾自信，找回曾经光芒万丈的我们。他们细数我们的善良，称赞我们的聪慧，回味我们的风趣幽默，但这些并不一定是促使我们向前看的最佳方式。反复说我们有多好并不能彻底解决问题。为了真正走出与情敌比较的痛苦，我们需要认识到，每个人，只要是在地球上存在过或存在着，一定有其平庸的一面。这世上压根儿就没有所谓的完美之人，大家的难搞之处只不过各有不同罢了，而我们的前任也终会明白这一点。

我们的失败或弱点固然是真实存在的，然而，在与

六、不因情敌受折磨

情敌比较时，我们常因对其缺乏了解而过度贬低自己。摆脱痛苦并不意味着要对自己不招人喜欢的那一面视而不见，而是需要我们更加跳脱，更加平衡地看待普遍的人类本性。

当然，情敌肯定具备一些我们所不具备的特质。他们可能头发更美，收入更高。但与此同时，他们也会有许多严重的问题，我们可以确信这一点。这并不是因为我们对他们有多了解，而是因为我们深谙人性。

但凡是人，离近了细细审视都不可能毫无缺陷。不管我们选择和谁共度一生，都会在某些时刻被气得火冒三丈，气到恨不得世上从来不曾有过这号人。同样的，无论我们的前任能从新恋人身上感受到多少吸引力，他们都不得不面对新恋人带来的新烦恼，而这些烦恼又会搞得他们灰心失望，就像当初与我们在一起时一样。只不过，这一次的失望很可能更强烈，因为当初他们打包好行李离我们而去时，满心期盼着下次一定找个没有这么多性格缺陷的伴侣。

我们的前任并没有一脚跨入天堂，他们只不过是从一段不完美的亲密关系迈到了另一段不完美的亲密关系。所以，我们也没必要庸人自扰，觉得前任从此以后便可以过上幸福生活，让自己的悲痛因此翻倍。

如果说被人取代能让我们认识到一些事情，那一定不是我们有多么糟糕。毋宁说，我们被抛弃，应归咎于一个常见的妄念：只要换个人，只要换一段亲密关系，想要的幸福便唾手可得。然而真相是，每段关系都要经历独属于它的极度不幸福，或多或少，或早或晚。

我们自身的问题确实不少，然而，这个灰暗的真相一旦被另一个更大、更冷酷的真相包裹，就能焕发出安抚人心的奇妙能力。这个更大的真相便是：人人都有很多问题。

一旦我们摆脱了被抛弃的感伤，我们所要寻找的人便不再是那种认为我们完美无缺并因此永远不会离开我们的人，而是那种能够清楚地看到我们的缺点并且知道如何与我们的缺点和解的人。

六、不因情敌受折磨

　　我们不需要那种认为我们无人可替,因而跟我们在一起的恋人,我们需要的是能够明智地领悟到以下道理而选择和我们在一起的人:没人能一直如表面看上去那样魅力四射,摧毁一段关系换来的,不过是与挫败和失望又一轮的崭新相遇。

七、分手的正确方式

"厚道的恋人分手时不会拖泥带水。"

心碎的痛苦程度，不仅取决于我们被抛弃这一事实，还极大地取决于我们被抛弃的方式。要是被抛弃得很惨烈，我们的痛苦会大大加剧——如果我们幸运地拥有一位了解成熟分手的艺术的伴侣，伤痛便会更易忍受。

有些事肯定会让分手变得比以往任何时候都更糟。

1.
举棋不定

所有关于亲密关系的决定,都应该是在意识到生命对于双方来说都很短暂这一事实的情况下做出的。因此,假期行程是不是已经安排好,生日派对是不是正在筹备,这些真的不重要。

一旦内心做出了决定,勇敢的恋人就不会因为不愿意打乱已有计划而犹豫不决。他们知道必须离开。的确,很多事情泡了汤,他们也已预见,假期或烛光晚餐注定会不欢而散。他们只是够厚道,知道不该浪费任何人更多的宝贵时间。

2.
附带的指责

选择转身的人如果明智,就不会加罪于伴侣。

他们的事业出了问题不是我们的错,他们失眠、跟朋友起冲突,我们也没责任。明智的人会把控诉清单限定在导致分手的具体问题上,而不会以分手为契机,把两人之间的不快事无巨细地复述一遍——这可是一份冗长且离题万里的指控表。

3.
暧昧的友善

那些抱持着"即便分手也必须表现得友善"的错误观念并将之奋力践行的伴侣对我们最不利。其实,甜言蜜语真的很多余,我们需要的不过是先被告知一些基本信息,然后,只要再允许我们自己待一会儿,我们就能重新振作。

实际上,持续不断的友善只会让我们更加困惑。这种温柔使我们渴望复合——考虑到他们的表现,似乎复合是水到渠成的事。搞不好,我们甚至可能糊里糊涂地再一次与其共赴云雨之欢。

4.
闪烁其词

稍笨拙的伴侣最怕告诉我们这件不得不说的事,他们没法干净利落地把它说出来,于是便时不时露出些奇怪的蛛丝马迹。他们开始喝得酩酊大醉,至晚方归,或发表有关亲密关系的奇谈怪论。他们似乎希望通过让人摸不着头脑与不合理的行径被动结束这段关系,而不用主动提分手。

反过来说，能使我们免于过度痛苦的方式也很多。

1.
有话直说

厚道的恋人分手时不会拖泥带水。他们一旦决定了,就会迅速让我们知道;他们快刀斩乱麻,不会留出复合的余地;他们不会给出只要我们在某些方面做出改变,他们就会重新考虑的暗示。

这种方式当然也很糟糕,但在他们粗暴的态度之下,隐藏着一种成熟的善意:在无论如何都会艰难的处境中,这使我们免于因错误期待而遭受长期折磨。

2.
理由明确

  好的恋人分手时会以令人信服的方式解释为什么要结束这段关系。比如，他们可能会指出，你们两人天生都比较焦虑，在平复和安抚彼此情绪方面总力不从心。这与其说是抱怨，不如说是对你们之间的磨合没能成功的一种观察。或者，他们可能会探讨你们两人对金钱的态度有很大分歧的地方。就是这些让你们冲突不断。他们没有指责你是个傻瓜，只是说你们两人原本就不是契合的伴侣。

3.
坦陈自我

  有共情能力的恋人在分手时，非但不会对自己身上的问题遮遮掩掩，还会主动总结自己的不当之处。他们承认这段关系中的很多问题都因他们而起，或许他们会坦言自己总是沉迷于工作而忽略了我们，或许他们会承认自己太霸道且控制欲强，又或许他们承认了自己不忠的本性。他们试图善意地表明，跟他们一起生活会遇到很多困难，他们说出这些完全是为了我们好。

  我们虽然失去了恋人，但不会失去对幸福而平顺的未来的憧憬。

4.
坦陈对恋人的感受

好的恋人在分手时不会刻薄,也不会咄咄逼人,而是会公平地讲讲那些他们发现的我们很难相处的地方。他们不苦口婆心,也不夸大其词,只是公平而诚恳地陈述事实。比如,我们不爱收拾家或者严重的洁癖令他们感到压抑;我们太没时间观念或者时间观念太强让他们无法接受;我们对性太随便或者太严肃,他们受不了。这些话听着不好受,但它们非常有建设性,对我们很有帮助。生活中,很少有人能真正坦诚地告诉我们,跟我们一起生活是什么感觉。

他们不是在说我们是坏人,他们是在向我们展示我

七、分手的正确方式

们有非常独特的个性（这一点我们自己很难看出来）。若想以后的亲密关系经营得更好，我们今后就得考虑到这一点。不是说我们必须从根本上做出改变（我们也做不到），我们需要做的是，在未来与另一个人相处时，更多地看到我们自身的问题。我们得学着早点坦诚相告，适时地请求对方宽容，并意识到我们可能在很多时候都吓到了对方或者给人添了麻烦。

5.
不怕被恨

友善的恋人知道，提分手这件事将不可避免地导致自己在一段时间内被憎恨。面对这一切时，他们冷静而勇敢。他们不会受困于一种宿命般的过于感伤的渴望，期待他们不爱的人能继续爱他们。

七、分手的正确方式

我们渐渐分清了两种截然不同的痛苦来源。有失去我们所爱之人的悲伤,也有爱人在最后的不当行为给我们造成的痛苦。后者让我们看清的是对方的人品,而非我们自己的。我们可能无法完全免于心碎之痛,但还是可以理清头绪,尽力将痛苦降到最低。

八、同床异梦的心碎

"我为你而心碎欲绝,
即便你始终在我身旁。"

我为你而心碎欲绝，即便你始终在我身旁，好似一切如常。这场景果真如此悖谬吗？实则不然。爱情中最让人痛彻心扉的往往不是恋人拉起装满他们全部家当的行李箱与我们礼貌告别，而是某个瞬间，我们突然意识到他们已经不再爱我们。即便他们不动声色，从未提过分手，更没动身收拾行李，我们还是在那一瞬间醒悟：一切都结束了。

不是说只要伴侣仍陪在我们身边，我们就不会痛苦心碎。我们与伴侣依旧同床而眠，依旧为了房贷、车贷并肩打拼，只是那份曾经拉近彼此的爱意已经不复存在。关系仿佛还在，双方都没动分手的念头，只不过我们痛苦地意识到，往后余生将会这般度过：我们再也感觉不到对方因为我们的陪伴而欢欣喜悦，感觉不到对方为我们的性情而着迷并渴望与我们拥抱温存。

这种名存实亡的亲密关系会让我们倍感孤立无援。倘若对方痛痛快快地离开，关系彻底结束，我们反倒能通过各种方式找到情感支持：反映此类境遇的电影和歌曲不胜枚举，有代代相传的现成智慧可以依靠（比如天涯何处无芳草之类），描述此类境遇的感人书籍更是汗牛充栋。总之，若真是彻底分手，至少有人能理解我们，能够感同身受。

相比之下，那种明明身处亲密关系中，心却如一潭死水的痛苦总是被忽视。甚至触及这一话题时，人们也总显得格外缺乏共情。

在一个追求浪漫之爱的文化中，一旦激情退却，仅仅因为舒服而继续在一起会被认为是件挺悲哀的事儿。如果浪漫爱情意味着一切，那么提出不为欲望而与某人

八、同床异梦的心碎

在一起，简直就是对他人的极度冒犯。

然而，即使我们的心已经悄然破碎，支持我们继续这段关系的理由依然很多。现实生活中未必事事如我们所愿。两人有难以拆分的共同财产，有共同的人生目标、愿景，甚至孩子；两人有许多共同的朋友，也建立了让彼此都感到舒服且对他人大有裨益的共同的生活方式。更何况，即便回到单身，愿意跟我们这样的人一起建立一段新关系的人选也不多。所以，尽管午夜梦回，伴着我们的总是深深的悲伤和沮丧，维持现状度日看起来仍然不失为明智之举。

我们得意识到，虽然这种情形令人痛苦且难以启齿，但它并不诡异，更不可耻。它其实极为平常，甚至相当高尚。试想我们选择跟张三分手，然后找到了李四，几年后的我们很可能又陷入同样的境地——因为无论如何，激情之爱都注定会消失。那些早年间的浪漫激情终有一日会熄灭，而之后在一起长期生活势必是另一番景象了。

例外情况不是没有，但能在漫长的关系中始终恩爱如初的夫妻毕竟凤毛麟角，要是我们认为这是常态，那就大错特错了。

我们不妨用看待某些工作的方式来看待此类情况。的确可能有人通过当脱口秀演员发家致富，但现实中，这只能发生在极少数人身上——这些人很可能本身就天赋异禀，他们的情况对我们自身的职业可能性问题不具有任何参考价值。

如果我们正身处一段激情之爱已然消逝的关系中，我们不必感到缺了些什么，更不必觉得自己很失败。这是绝大多数人再普遍不过的共同遭遇，只不过鲜少有人去描述它罢了。

九、痛的升华

"众生皆苦。"

当恋人转身离去时，我们的全部感官仿佛都被那种独一无二的痛楚一下子灌满，我们感到无助和窒息。这个时候不妨推己及人地想想，世间的失去何止分手一种，而遭背弃之人又何止自己一个，借此聊以自慰吧。

从某种意义上说，"失去"无处不在，它是人类共同的逃不过的经历。将这一点牢记在心，就是将我们孤独的悲伤与更广泛的人类悲伤联系在一起。我们的心灵会一次又一次地被现实以各种方式击得粉碎，这本就无可避免。

人生在世，不如意事十之八九。当我们在爱情中受挫时，我们会陷入自己小小的悲伤王国之中，但与此同时，我们也能深刻体会到人类境遇中那种根本性的痛苦。我们固然痛苦，但痛苦有时也是闪闪发光的人性勋章——昭示着至少曾有那么一时片刻，我们敢于凝视生活这件华美长袍上的虱虫。我们正在于更广泛的、最深重的失去产生共鸣。

运气好的话，痛苦会让我们变得更富同情心，因为它掀开了隔在我们与真实生活之间的华美的遮羞布，迫使我们直面真相：众生皆苦。于是，我们的痛苦不再仅仅是个人化的，它幻化成了对陌生人悲苦的温柔哀悼和对远处啜泣的细心聆听。那啜泣遥远而微弱，让人不易察觉，却无比真实。

九、痛的升华

心碎还在继续……
这张照片中的每一个鲜活的生命,如今都已化作尘埃。

十、忘却，然后重生

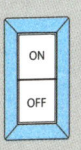

"善于遗忘才能更好地活着。"

总体看来，我们的文化对记忆和记忆行为持非常积极的看法：我们看重历史研究，以此铭记过往；我们用相机捕捉珍贵的瞬间，希望能珍藏时光；我们坚信历史上的不公应该在现在得到纠正；我们承诺一日为友，终身不忘；就连在心理治疗中，我们也不遗余力地重拾童年时期的情感内核。

这一切的价值绝不该被否定。然而，一个看似与其矛盾的观念也同样值得提倡：为了更好地活下去，我们还需要做一件同样重要的事，那便是遗忘。某些记忆本身就蕴藏着对未来、对人类存续的威胁。如果我们把所有曾经发生在我们身上的事情都原原本本、事无巨细地刻在脑海里，随之而来的焦虑和悲伤就会压得我们喘不过气来。我们会陷入恐惧的深渊无法自拔，意志也会被悔恨消磨殆尽。同样阴魂不散的还有别人加诸我们身上的不公和伤害、我们自己为之羞愧难当的愚蠢和罪恶，以及美与善的逝去。这一切的一切会把我们拖入无尽的绝望。人生苦短，很多时候，善于遗忘才能更好地活着。

19 世纪 70 年代，德国哲学家弗里德里希·尼采在一篇名为《论历史学对生存的利弊》的文章中探讨了这个主题。尽管尼采本人是一位卓越的历史学家，并对政治史和社会史如数家珍，但他也认识到遗忘对于个人生存和集体存续至关重要。正如他所说：

> 有一种程度，失眠、反刍、历史意识到了这种程度，活生生的东西就要受到伤害，最终毁灭，无论这是一个人、一个民族，还是一种文化。

十、忘却，然后重生

尼采将动物的活力和与生俱来的斯多葛主义①，归因于它们对过去的无知。一头牛如果知道它的祖先经历了什么，它的生活将无法继续，这位哲学家如是推测。与此类似的是，他认为孩子之所以对我们来说如此令人动容，正是因为他们还未背负起过去的记忆和憾恨，而任何超过 25 岁的人的精神世界都在被记忆所累。小孩子经历之事还很少，因此对于他们来说未来有无限可能。

回顾过去究竟有什么意义？面对这个颇具建设性且根本性的问题时，尼采给出了明确的答案：我们应该只记住那些事实上对我们当下的生活有帮助的事情。只有当记忆有助于我们制订计划和避免错误时，记忆才有价值，如果记忆成了阻碍我们过上更好生活的绊脚石，我们就应该致力于遗忘。

遗忘不仅要靠时间，还需要事件。为了免于被已经发生过的事情困扰，我们得用一层又一层新的事件将其覆盖掩埋，每多覆盖一层，原有的记忆就淡去一些。简

---
① 对痛苦的默默忍受和泰然处之。——译者注

而言之，我们需要让新的事件发生。

在经历一次痛苦的分手后尤其需要这样。无意间经过的某处，某项活动，甚至一天中的某个时段，都能一下子把人拉回过去，随之而来的便是刚刚愈合的伤口一次又一次地被撕开。

- *每每看到小路尽头的那家比萨店，便痛苦地忆起共同度过的那个惠风和畅的周末傍晚。*
- *每每骑车沿着运河前行，当初那些说走就走的旅行记忆便一下子浮现在脑海，彼时的暖阳，此刻却透着寒意。*
- *每每瞥见沙发上的靠垫，恋人枕着它看书的样子便会浮现于眼前，怎样都无法抹去。*

生活里到处是这类情感陷阱，把我们团团围住。我们的心也随之一次又一次地破碎。

我们恨不得彻底摆脱上一段亲密关系所发生的那个

世界,但这招行不通。就算我们能把靠垫全烧了,也没办法把那家比萨店夷为平地。要想遗忘,我们必须在与逝去的爱情有关联的事物上添加一层新的经历。比如,约一群新朋友去那家比萨店大吃一顿;选个同样明媚的午后,坐在运河边上静读一本能打动我们的书;和一群新认识的朋友一起坐在沙发上愉快地聊聊天。总之,我们必须从那个伤了我们心的人那里夺回我们生活世界的所有权——当然,指的是在记忆层面。

有了这份遗忘的决绝,我们便能找回一些尼采所说的"孩子一般的希望"和"牛一般的坚毅"了。

十一、芳草遍天涯

"美好是普遍存在的。"

他们离开了,带走了除思念以外的一切。没人能够取代他们。自此以后,快乐似乎与我们绝缘了。好心的亲友会苦口婆心地劝我们别再去想那个负心人。然而,说来奇怪,有时候强迫自己反复回忆并剖析那些思念他们的具体原因,反倒被证明是更明智、更有帮助的做法。

与其只是停留在想念他们的情绪里,不妨试着条分缕析一下,在这段关系中我们看重的东西究竟是什么。是他们格外甜美迷人的微笑,还是他们的世事洞明和人情练达;是结束了紧张忙碌的一天,跟他们一起开两句奇葩同事的玩笑能让我们放松身心，还是他们总能在派对上给我们自信；是我们很喜欢被他们介绍给亲切友善的朋友，还是他们在床笫之事上对我们的好恶了如指掌……

当我们说自己想念他们时，我们真正想念的其实是一系列美好的品质和经历。我们本质上喜欢的是他们的温柔、友善和开放的心态，而非这些品质依附的肉体。与他们在一起时，我们体会到了这一系列美好，因此便认为失去这个人就会失去与他们相关的一切。

美好的事物当然值得我们想念。谁会不想看到那甜到化得开一切烦恼的微笑？谁会不欣赏人际交往中的游刃有余？至于温存和自信，以及缱绻间的默契更是人人向往。的确，我们不会再遇到一个与刚刚失去的爱人一模一样的人。在这个意义上，他们是独一无二的。但是，我们在他们身上体会到的美好是普遍存在的，在其他地方也能找得到——只是不再汇聚在一个人身上，而是广泛分布在诸多物种中，只待我们慢慢去发现。

十一、芳草遍天涯

君不知,迷人的微笑可见于许多物种,包括但不限于哺乳动物;略带戏谑的世故在人类物种中并不鲜见;至于制订一个雄心勃勃的周末计划,或对自负之人冷嘲热讽,也算不得什么稀缺技能。我们的确失去了一位恋人,但若说从今往后我们无缘于这位恋人所具备的全部可贵品质,恐怕是不合逻辑的,毕竟这些可贵品质可是深植于人性,被众多人类同胞所共享的。

一颗伤透的心能从此番离愁别绪中得到的一个貌似怪异实则深刻的教训大概就是:我们的爱其实并不是指向某个特定的人,而是指向一系列并不独属于这个人的美好特质,其他潜在追求者的身上也可能具备这些特质——等我们的内心变得更强大,收拾好心情准备出发找寻时,便会发现这些美好正等待着我们。

十二、友情的慰藉

"我们犯了一个严重的错误。"

午夜将近，我们把对方送到了家门口，预示着这个漫长的约会之夜即将画上句号。一辆出租车正静静地停在不远处，我们开始期待对方说些什么。终于，对方还是说出了那句伤害性不大、侮辱性极强的话："希望我们可以只做好朋友。"语气多么轻柔甜美。

对方说出这句话意味着什么，我们心知肚明。通往温柔乡的大门就这么永远关闭了，轻声而坚定。我们就这样落入供人打趣嘲弄的可悲的失败者行列，还得强颜欢笑。对方肯定早料到我们会陷入何等尴尬的境地——那种我们徒劳地掩饰着，甚至自欺欺人地拒绝承认的尴尬境地——可还是理智地做出了离开的决定。再次回到那个空荡荡的房间，只有沮丧与我们相伴，而几个小时前，我们走出房间时，心中还蝶飞燕舞，满怀希望。

在我们眼里，做朋友的邀请约等于直接羞辱，因为被浪漫主义文化浸染的我们从很小的时候开始就被灌输一种观念：斩获爱情才是存在的目的，至于友情，不过是得不到爱情时退而求其次的安慰。

这听起来像是无可辩驳的常识，但总有些让人困惑。这让我们能稍微退后一步，把浪漫之爱声称和许诺的主张过过脑子。值得反思的地方包括但不限于双方的行为表现、满足感和心灵状态。

如果我们主要从负面影响来评判爱情，比如决堤的眼泪、深度受挫、以爱之名的恶毒羞辱，我们便不会像如今这般对它顶礼膜拜了，我们甚至会将爱情视为一种疾病或精神错乱的表现。那些发生在恋人之间的相互指责、谩骂的场景，在非敌对状况下，几乎是不可想象的。

面对所爱之人，我们总是倾泄最坏的情绪，做出最

十二、友情的慰藉

不公的指责，脱口而出就是最伤人的侮辱。我们将生活中遇到的一切不顺都归咎于伴侣，期待他们能成为我们肚子里的蛔虫，时刻意会我们的所思所想、所求所愿。他们出现的无关紧要的小失误或者对我们偶尔的误解都会惹得我们要么生闷气，要么动雷霆之怒。

相比之下，在被认为毫无价值、约会结束时稍一提及都会让人觉得扫兴和沮丧的友情关系中，我们往往能展现出最崇高的美德。面对朋友时，我们耐心倾听、时常鼓励、宽容大度且幽默风趣，最重要的是，始终友善和气。我们对朋友会少一些期待，因此可以原谅的事情就会多得多。我们不指望自己能被朋友完全理解，于是即便有误解和摩擦，我们也能轻松应对，并用更有人情味的方式化解。我们不会想当然地认为朋友应该给予我们毫无保留的激赏，无论我们做什么他们都会无条件支持，所以我们会付出努力，尽量表现得体，让自己满意，也让伙伴满意。在与朋友相处时，我们总能展现出最好的自己。

荒谬的是，浪漫主义承诺我们在爱情中能够得到的真正快乐，最终是在友情中找到的。我们对此大为震惊。这一事实，恰恰反映了我们对友情的理解已经变得多么狭隘和不成熟。我们将朋友与偶尔见面一起聊八卦的点头之交混为一谈。殊不知，真正意义上的友情要深刻得多。它是这样一种关系：双方了解彼此的脆弱，悦纳彼此的愚笨而不横加指责，尊重彼此的价值，能够以智慧和热情共同面对生活的悲苦。

在文化和群体层面，我们犯了一个严重的错误，这让我们变得愈加孤独和失望。其实，我们大可以不用忍受这些。试想在一个更理想的世界里，我们的终极目标不是找到一个理想恋人来取代所有其他人，而是把我们有限的智慧和精力用于建立和经营一个由志同道合者组成的朋友圈。这样，在结束了一个晚上的约会时，我们就可以微笑着将准伴侣请进屋，尴尬而不失礼貌地说出那句拒绝的话："真的很遗憾，我们可不可以只做——恋人？"

十三、心碎也有益

"我们要比自己以为的坚强得多。"

心碎不是我们自己选择的，我们同样不希望它发生在其他人身上。但事已至此，我们还是可以努力发掘心碎的过程可能带给我们的益处。

1.
我们真的很坚强

　　心碎的感觉实在太折磨人了,我们一度以为这会让我们痛不欲生,然而神奇的是,我们竟然活到了现在。我们非但没死,还打算下周去参加一个派对。我们可以跟自己说:这一关终归是咬牙挺过来了。由此可以得出一个结论:我们要比自己以为的坚强得多。

2.
认识到自己难相处

这一段经历让我们对自己有了更多的了解。尽管经历了九九八十一难,但在无数次指责、控诉、争吵之后,我们的确学到了很多。冷静下来,我们开始逐渐意识到,自己真的很难相处。可别小看这一觉知,只有先认识到这一点,我们日后才有可能为了变成更容易相处的人而付出努力。

3.
发掘更多爱的形式

　　一旦从心碎里重生,我们就会发现自己内心的满足感不再完全依赖于某个特定的人。能治愈我们、为我们提供情感支持的东西可太多了。当爱情这棵参天大树枯萎时,爱的幼苗却有了更多机会沐浴阳光。我们懂得了爱情并非爱的唯一形式,于是更加珍视属于我们的一切:引人入胜的书籍,未曾尝到的美食,公园里争奇斗艳的花儿,可以在电话中听我们倾诉到午夜的朋友。万物皆可爱,万物与我们同在。

4.
调整期望

我们学会了调整自己的期望。任何关系都会有不如人意的地方,只不过表现形式各有不同。我们不会对下一任伴侣苛求太多,我们会在对方做得"足够好"时心怀感恩。

5.
更具同情心

　　一种为全人类共享的苦痛，我们也终于尝到了。尽管很少能听到别人的心碎故事，但我们知道人人心里都藏有（或终有一日会藏有）独属于自己的伤情。经此一事，我们对人类同胞、对自己，都多了一份同情与理解，心胸也愈发深邃而宽广。我们变得更加友善，愿意温柔地笑对心灵深处的矛盾和荒谬。

图书在版编目（CIP）数据

如何修复破碎的心 / 英国人生学校著；张欣然译.
北京：中信出版社，2025.3. --（人生学校）.
ISBN 978-7-5217-7387-3

Ⅰ. C913.1-49

中国国家版本馆CIP数据核字第 2025ER2882 号

HEARTBREAK
Copyright © 2019 by The School of Life
Simplified Chinese translation copyright © 2025 by CITIC Press Corporation
ALL RIGHTS RESERVED
本书仅限中国大陆地区发行销售

如何修复破碎的心

主编： ［英］阿兰·德波顿
著者： ［英］人生学校
译者： 张欣然
出版发行：中信出版集团股份有限公司
（北京市朝阳区东三环北路 27 号嘉铭中心　邮编　100020）
承印者： 嘉业印刷（天津）有限公司

开本：787mm×1092mm 1/32　　印张：3.5　　字数：52 千字
版次：2025 年 3 月第 1 版　　印次：2025 年 3 月第 1 次印刷
京权图字：01-2024-5628　　　　书号：ISBN 978-7-5217-7387-3
定价：39.00 元

版权所有·侵权必究
如有印刷、装订问题，本公司负责调换。
服务热线：400-600-8099
投稿邮箱：author@citicpub.com

"人生学校"系列

— 已出版 —

《该有下一次约会吗》
《还会找到真爱吗》
《真的真的准备好结婚了吗》
《我们能不能不吵了》
《如何修复破碎的心》
《该结束这段感情吗》

— 待出版 —

The Couple's Workbook
Why You Will Marry the Wrong Person
The Sorrows of Love
How to Think More About Sex
Affairs

图书策划 中信出版·24 小时工作室
总策划 曹萌瑶
策划编辑 蒲晓天 杨思艺
责任编辑 杨思艺
营销编辑 生活美学营销组
装帧设计 APT

出版发行 中信出版集团股份有限公司

服务热线：400-600-8099 网上订购：zxcbs.tmall.com
官方微博：weibo.com/citicpub 官方微信：中信出版集团
官方网站：www.press.citic

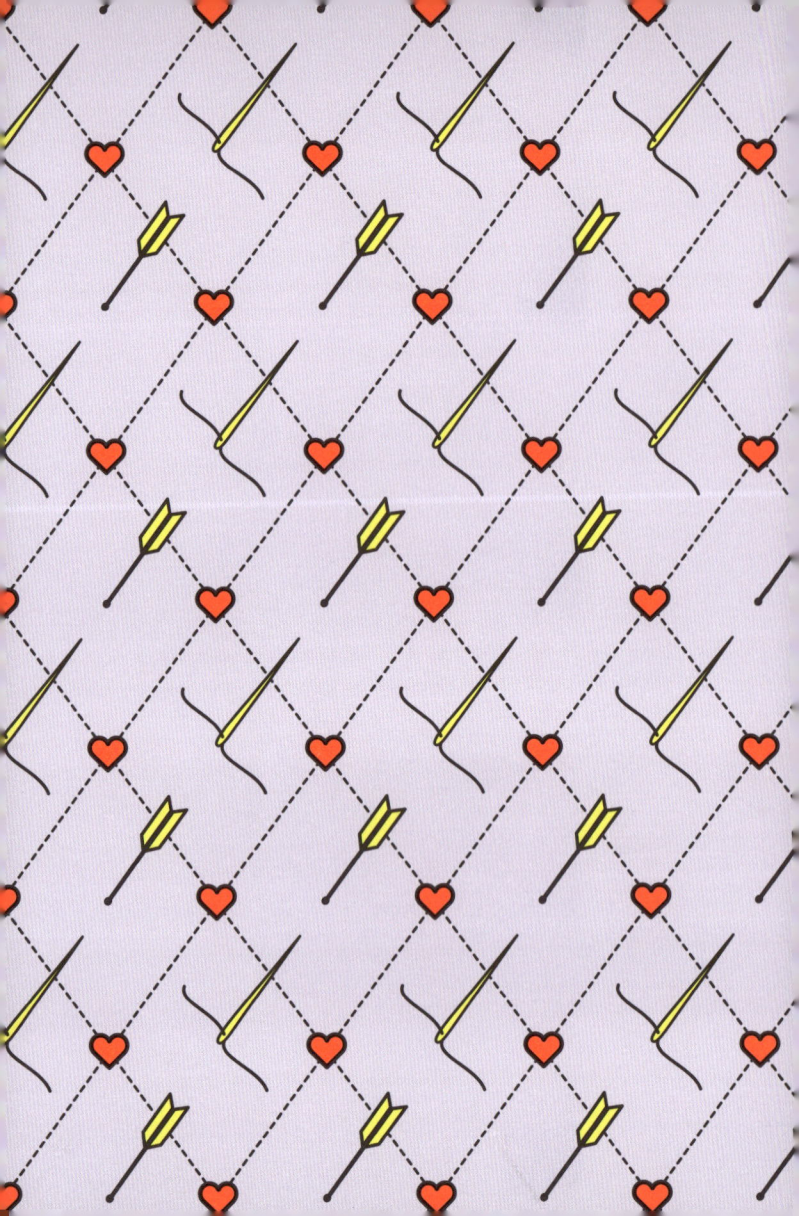